Dieses Buch gehört

Silke Janas & Anna Wagner

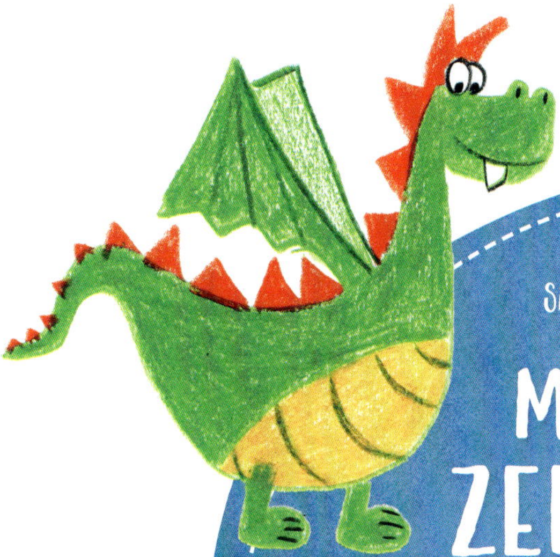

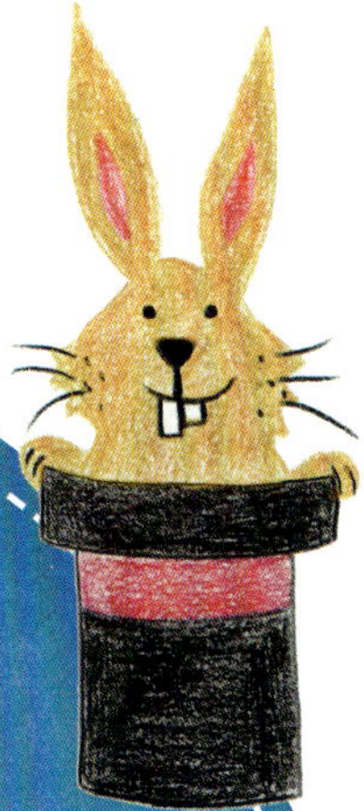

MEIN ERSTER ZEICHENKURS

FANTASTISCHE WESEN

Supereinfach zeichnen nach Bildern

EIN BUCH DER
EDITION MICHAEL FISCHER

Inhaltsverzeichnis

Liebe Zeichenfreunde! 4

Liebe Eltern! 5

So einfach geht's! 6

Fantastische Wesen 8

Zauberer 8

Hase im Hut 9

Troll 10

Ungeheuer von Loch Ness 11

Zauberbuch 12

Hexenkessel 13

Hexe 14

Kürbis 15

Drache 16

Fee 18

Zauberbaum 19

Regenbogen 20

Wichtel 21

Meerjungfrau 22

Froschkönig 24

Böser Wolf 25

Gestiefelter Kater 26

Schlafende Fledermaus 27

Drachenbaby 28

Gnom 29

Zwerg 30

Fleischfressende Pflanze 31

Goblin 32

Greif 33

Feuer 34

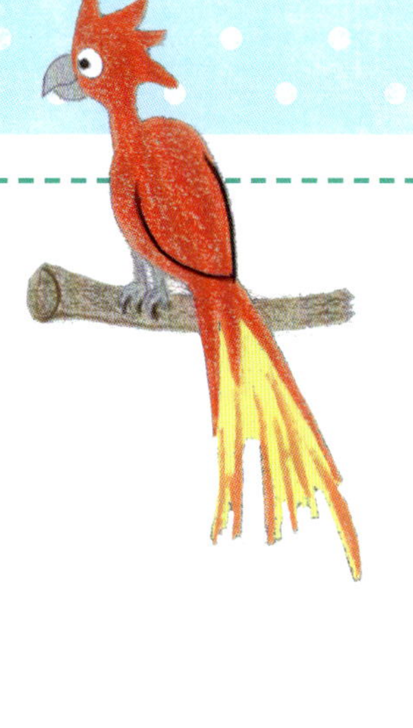

Phönix 35

Dinosaurier 36

Räuber 38

Piraten-Papagei 39

Flaschengeist 40

Fantastische Fledermaus 41

Werwolf 42

Zauberpilz 43

Superkrokodil 44

Alien 46

Ufo 47

Roboter 48

Farbenmonster 49

Zombie 50

Weiße Wesen 51

Einhorn 52

Vampir 54

Gespenst 56

Gruselschloss 57

Pegasus 58

Yeti 60

Seifenblasen 61

Die Autorinnen 62

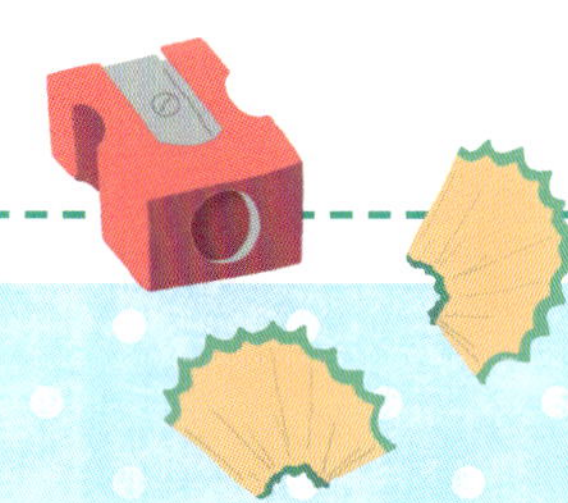

Liebe Zeichenfreunde!

Kommt mit uns in den Zauberwald und besucht fantastische Wesen! Helden und Schurken, Ungeheuer und Regenbogenwelten warten darauf, von euch gezeichnet zu werden. Dabei gibt es natürlich Unterstützung! In diesem Buch erfahrt ihr Schritt für Schritt, wie ihr im Handumdrehen die unterschiedlichsten fantastischen Wesen zeichnen könnt. Ihr mögt Einhörner, Drachen, Hexen, Superhelden und Gruselmonster? Ihr möchtet mit Hexenkunst Zaubertränke zubereiten und euch eigene Rezepte ausdenken? Kein Problem! Also ran an die Buntstifte und los geht's!

Liebe Eltern!

Das Gute gleich vorab: Dieser Zeichenkurs wurde so konzipiert, dass die Kinder ganz alleine damit arbeiten können. Alles, was sie brauchen, ist ein Stück Papier und Buntstifte in vielen verschiedenen Farben. Je bunter, desto besser!

Sie können sich also ganz entspannt zurücklehnen und beobachten, wie viel Spaß das Zeichnen macht und wie sich die Kinder über ihre schnellen Erfolge freuen! Ganz nebenbei werden durch das Zeichnen das räumliche Vorstellungsvermögen und die motorischen Fähigkeiten der Kinder geschult.

Und wer weiß, vielleicht ist ja auch das ein oder andere süße Motiv für Sie dabei?

Viel Spaß wünschen

Silke & Anna

So einfach geht's!

Du brauchst nur Buntstifte und Papier!

2. Formen

Aus einfachen Formen entstehen wunderschöne Motive!

3. Ausmalen

Manche Motive bestehen aus mehreren Formen. Der Trick beim Ausmalen ist, dass die Linien verschwinden und so eine neue große Form entsteht.

4. Details

Dann zeichnest du noch die Details dazu, und fertig sind die fantastischen Wesen!

Zauberer

1 Kopf
2 Hut und Bart
3 Haare
4 Umhang
5 Arme, Beine und Umhangöffnung
6 Stiefel, Handschuhe und Punkte
7 ausmalen
8 Gesicht
Abrakadabra!

Hase im Hut

7 ausmalen

8 Augen, Schnurhaare, Krallen und Zaubersterne

Troll

1 Kopf

2 Ohren und Bauch

3 Oberteil, Hose und Arme

4 Haare, Schuhe und Taschen

5 ausmalen

6 Gesicht und Knöpfe

Ungeheuer von Loch Ness

Zauberbuch

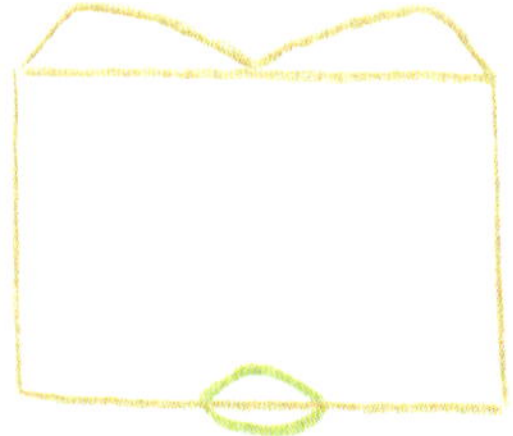

1 Rechteck

2 Bogen und Oval

3 ausmalen

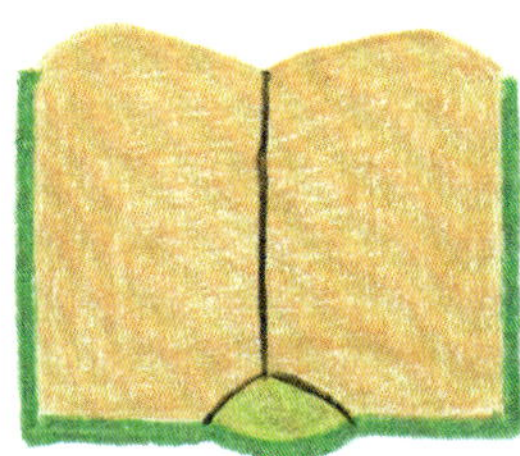

4 Buchmitte und umranden

5 Buchseiten

6 zackige Linien

7 Blätter

8 Gebrauchsspuren und Zauberrezept

Du kannst dir tolle eigene Rezepte für mich ausdenken!

Hexenkessel

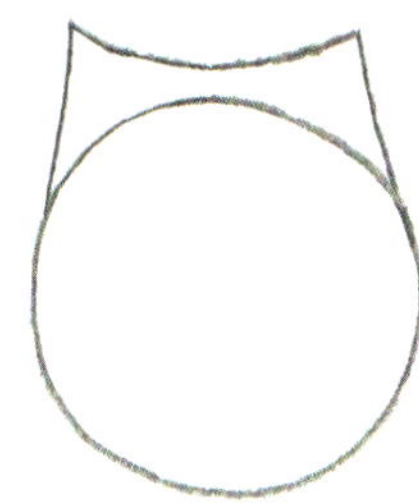

1 Kreis

2 Kesselform

3 ausmalen

4 Henkel, Füße und Kesselöffnung

5 mit farbigem Zaubertrank füllen und Blubberblasen

6 Bläschen innen und Blubberblasen umranden

Hexe

1 Hut

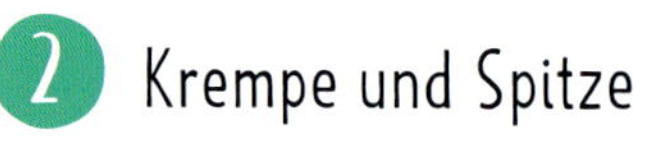

2 Krempe und Spitze

3 Haare

4 Kopf und Oberteil

5 Rock, Ärmel und Nase

6 ausmalen

7 Hände, Beine und Gesicht

8 Besenstiel und Schuhe

9 Borsten

Kürbis

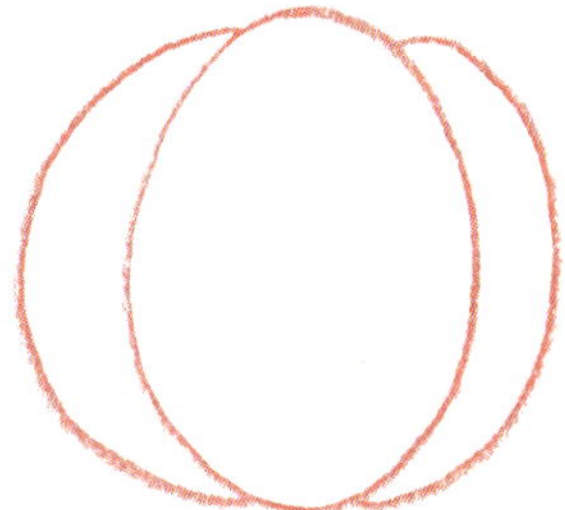

1 Oval in Rot

2 Seiten

3 Augen und Nase

4 Mund und Stiel

5 Zähne

6 ausmalen in Orange

Süßes, sonst gibt's Saures!

7 Gesicht ausmalen und Linien im Stiel

Drache

1. Körper
2. Hals und Schwanz
3. Kopf und Schwanzspitze
4. Bauch, Nüstern, Mund und Zahn
5. ausmalen

6 Augen, Nasenlöcher, Beine und Flügel

7 Zacken, Bauchstreifen und Füße

8 Flügel ausmalen und rote Zacken

9 Zacken ausmalen und Flügelstreifen

Fee

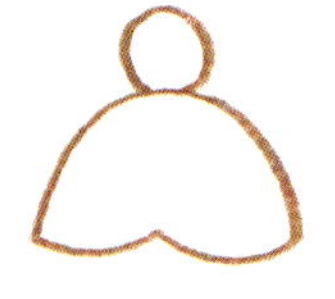

1 Haare

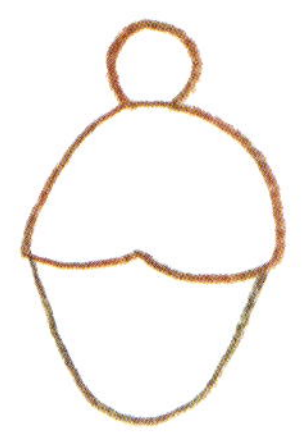

2 Kopf

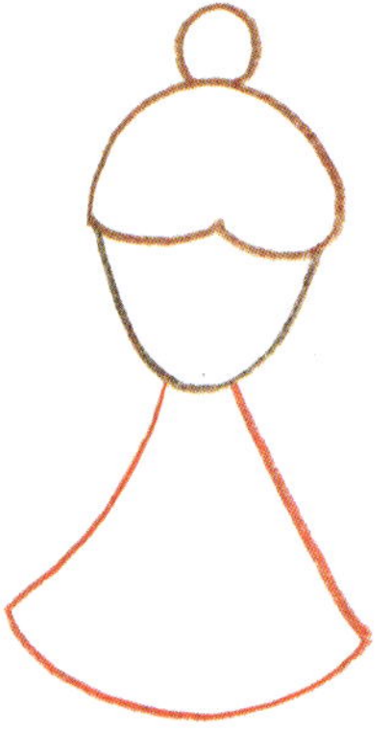

3 Oberteil

4 Rock

5 Arme und Beine

6 ausmalen

7 Hände, Füße und Gesicht

8 Flügel und Punkte

Ich kann Wünsche erfüllen!

Zauberbaum

1 Baumstamm

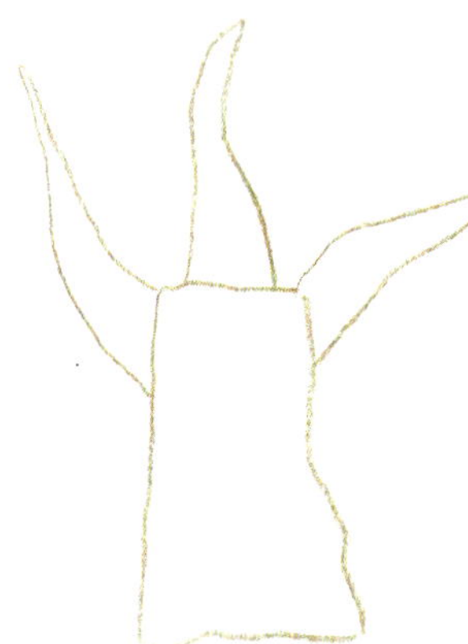

2 dicke Äste

3 kleinere Äste

4 noch kleinere Äste, Augen, Arme und Füße

5 ausmalen

6 Gesicht und Blätter

7 Blätter ausmalen (in verschiedenen Grüntönen)

Regenbogen

1 Bogen
2 nächster Bogen
Wenn es regnet und die Sonne scheint ...
3 viele Bögen
4 ausmalen

Wichtel

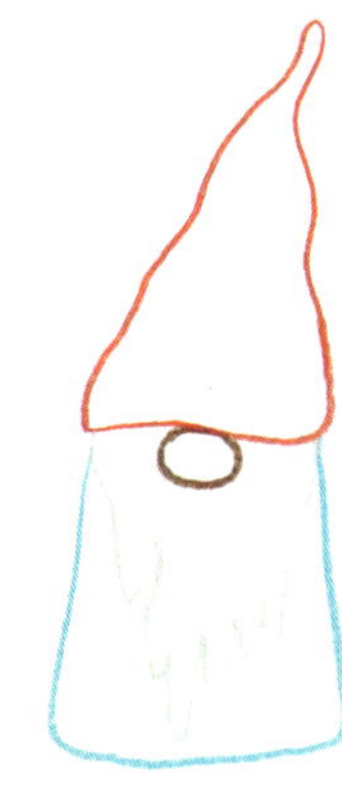

1 Mütze

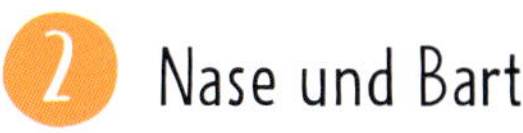

2 Nase und Bart

3 Oberteil

4 Arme und Beine

5 ausmalen

6 Hände, Füße und Streifen

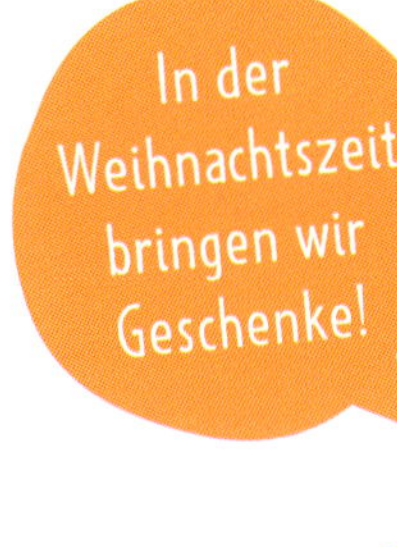

Meerjungfrau

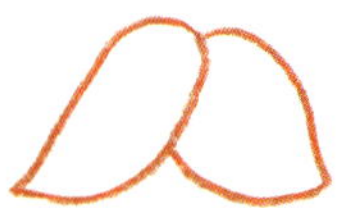

1 Haare

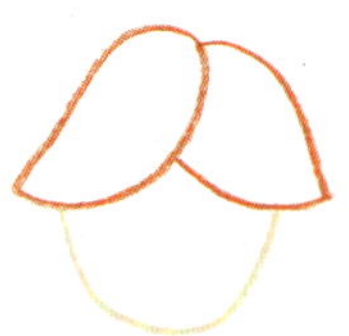

2 Kopf

3 Hals und Körper

4 Arme

5 Haare und Flosse

6 Bikini, Schwanzflosse und seitliche Haare

7 Haarsträhnen und Streifen
8 ausmalen
9 Gesicht und Bauchnabel
Ich bin ein Meerjungmann!

Froschkönig

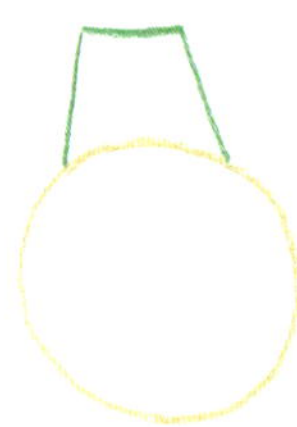

1 Kugel

2 Körper

3 Kopf

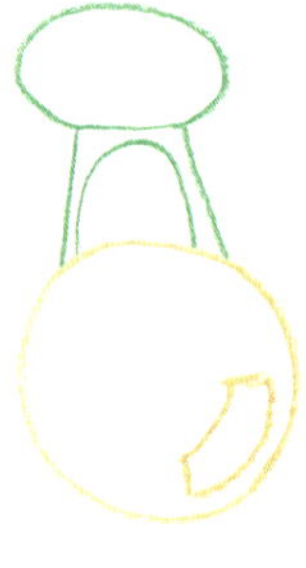

4 Bauch und Lichtpunkt

5 ausmalen

6 Augen und Hände

7 Krone und Füße

8 Gesicht und Krone

Böser Wolf

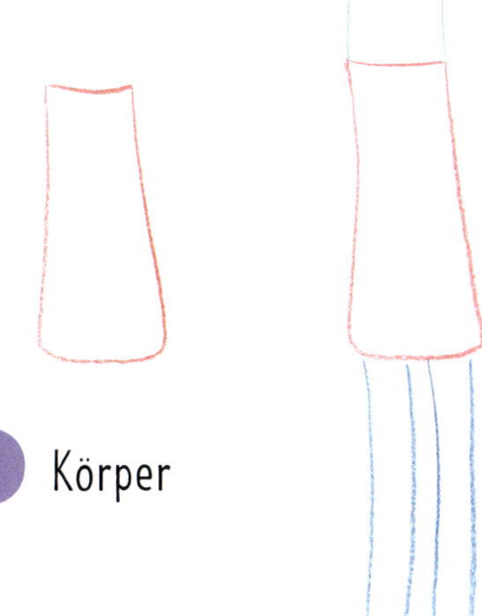

1 Körper

2 Kopf und Beine

3 Arme und Ohren

4 Fell, Schnauze und Pfoten

5 Rollkragen, Streifen und Augen

6 ausmalen

7 Gesicht, Krallen, Pulli und umgekrempelte Hose

Eine Portion Großmutter, bitte!

Gestiefelter Kater

1 Kopf

2 Ohren, Haare und Körper

3 Arme und Beine

4 Hutkrempe, Stiefelansatz und Pfoten

5 Augen, Stiefel und Hut

6 ausmalen

7 Augen, Griff und Schnauze

8 Krallen, Schnurrhaare und Degen

Schlafende Fledermaus

1 Körper

2 Zacken

3 ausmalen

4 Kopf

5 Ohren, Mund und Zähne

6 ausmalen und Beine

7 Augen und Krallen

Zum Schlafen hängen wir uns kopfüber an einen Ast.

8 Flügelstriche und Ast

Drachenbaby

1 Eierschale

2 Zacken

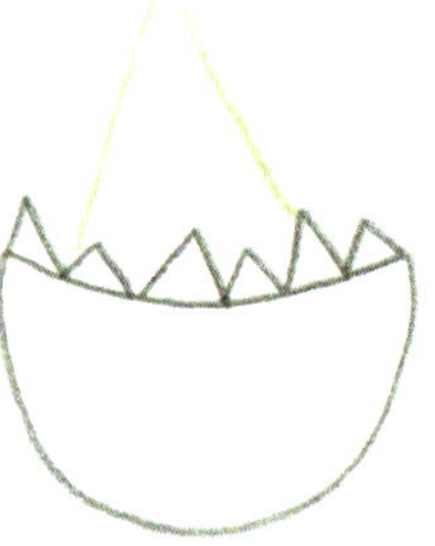

3 Körper

4 Kopf

5 ausmalen

6 Zacken und Nüstern

7 ausmalen

8 Auge, Zähnchen, Schuppen und Feuer

Ich kann schon ein kleines Feuer speien!

Gnom

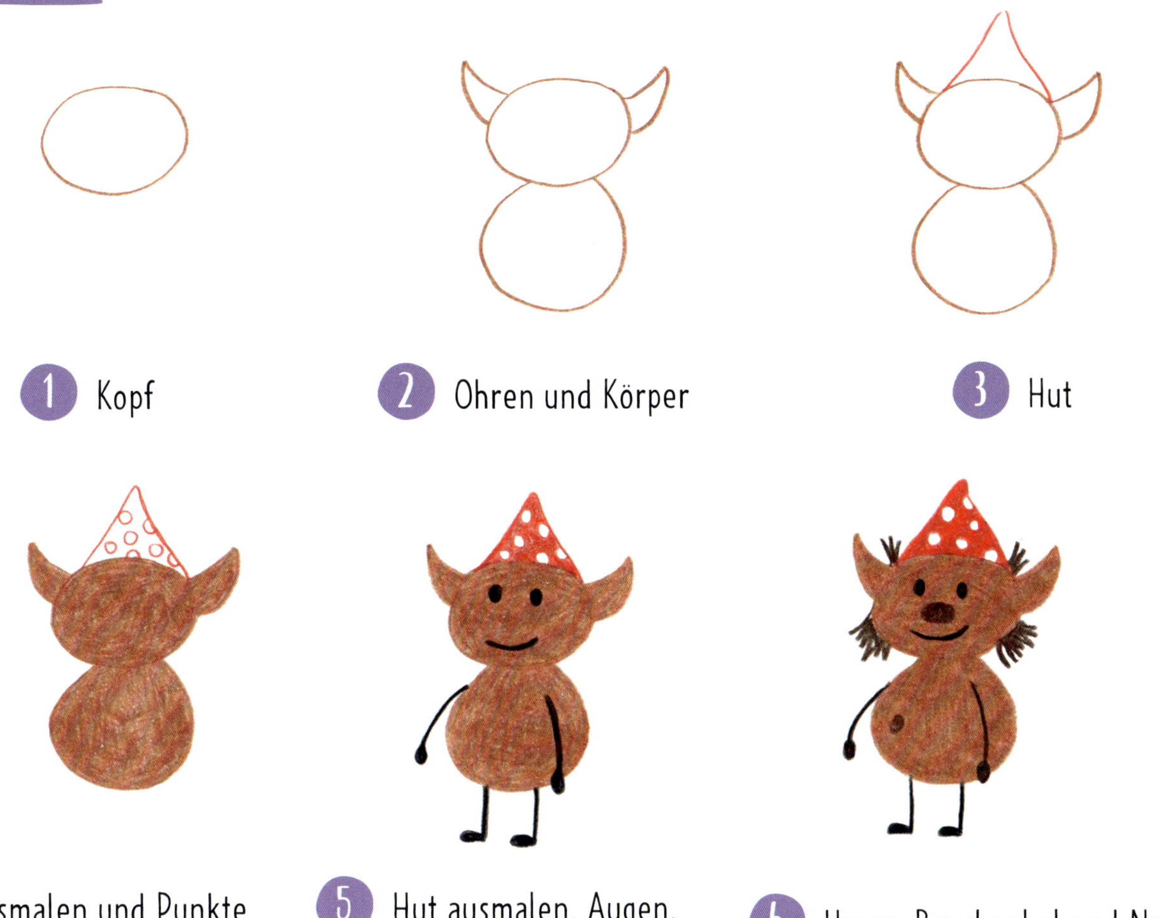

1 Kopf

2 Ohren und Körper

3 Hut

4 ausmalen und Punkte

5 Hut ausmalen, Augen, Mund, Arme und Beine

6 Haare, Bauchnabel und Nase

Zwerg

1 Kopf
2 Bart und Ohren
3 Zipfelmütze und Oberkörper
4 Arme und Unterkörper
5 Hände und Stiefel
6 ausmalen
Wir machen Ordnung im Garten.
Ich kann das nicht leiden, wenn die dauernd den Rasen mähen!
7 Gesicht, Bart und Hosenträger

Fleischfressende Pflanze

1 Mund

2 Kopf

3 Stiel und Augen

4 Blätter

5 ausmalen, Zähne und Pupillen

6 ausmalen

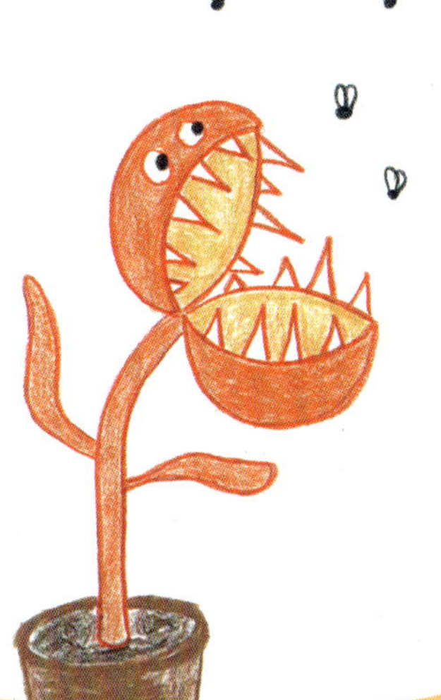

Am liebsten fresse ich Insekten!

Goblin

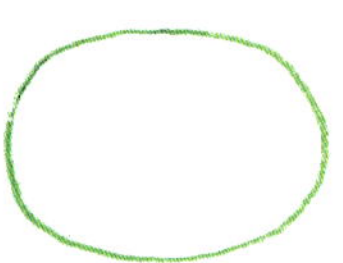

1 Kopf

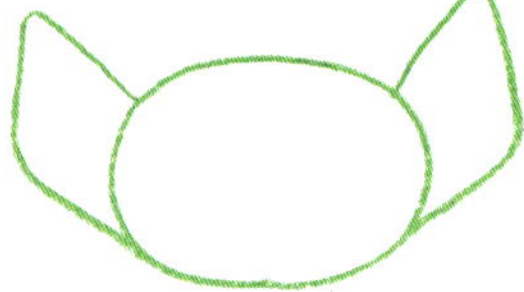

2 Ohren

3 Gesicht und Innenohren

4 Bauch, Zähne und Haare

5 Hals, Arme und Beine

6 ausmalen

7 Innenohren und Bauchnabel

Greif

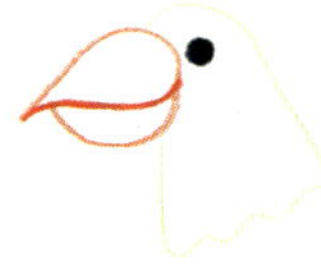

1 Schnabel

2 Kopf

3 Auge und Schnabelteilung

4 Körper

5 Flügel

6 ausmalen

7 Schwanz und Federn

8 dunkle Federn und Beine

Mein Papa ist ein Adler und meine Mama eine Löwin!

Feuer

1 Kreis
2 Zacken
3 ausmalen
4 umranden in Orange
5 Holz und rote Flammen
6 ausmalen
7 Funken und Feuerstelle
Ich bin ein magisches Feuer!
8 Funken innen, Punkte in Feuerstelle und Hölzer umranden

Phönix

1 Körper

2 Hals

3 Kopf und Schwanzfedern

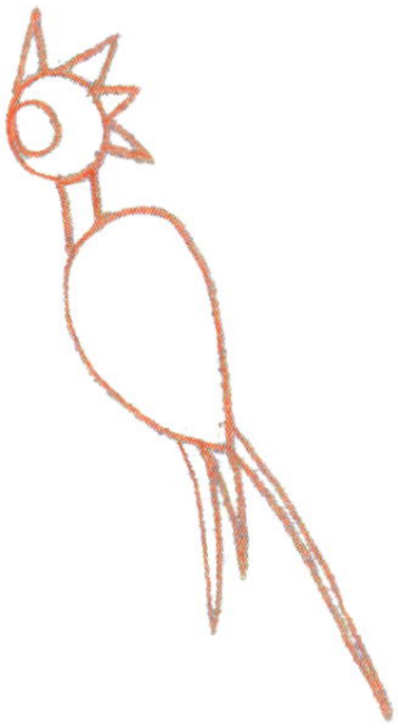

4 Kopffedern und Auge

5 ausmalen

6 Pupille, Schnabel, Flügel und Füße

Am Ende meines Lebens gehe ich in Flammen auf und werde als kleiner Phoenix aus der Asche wieder geboren!

7 ausmalen und Feuerschweif in Gelb

8 Ast und orange Streifen

Pieps!

Dinosaurier

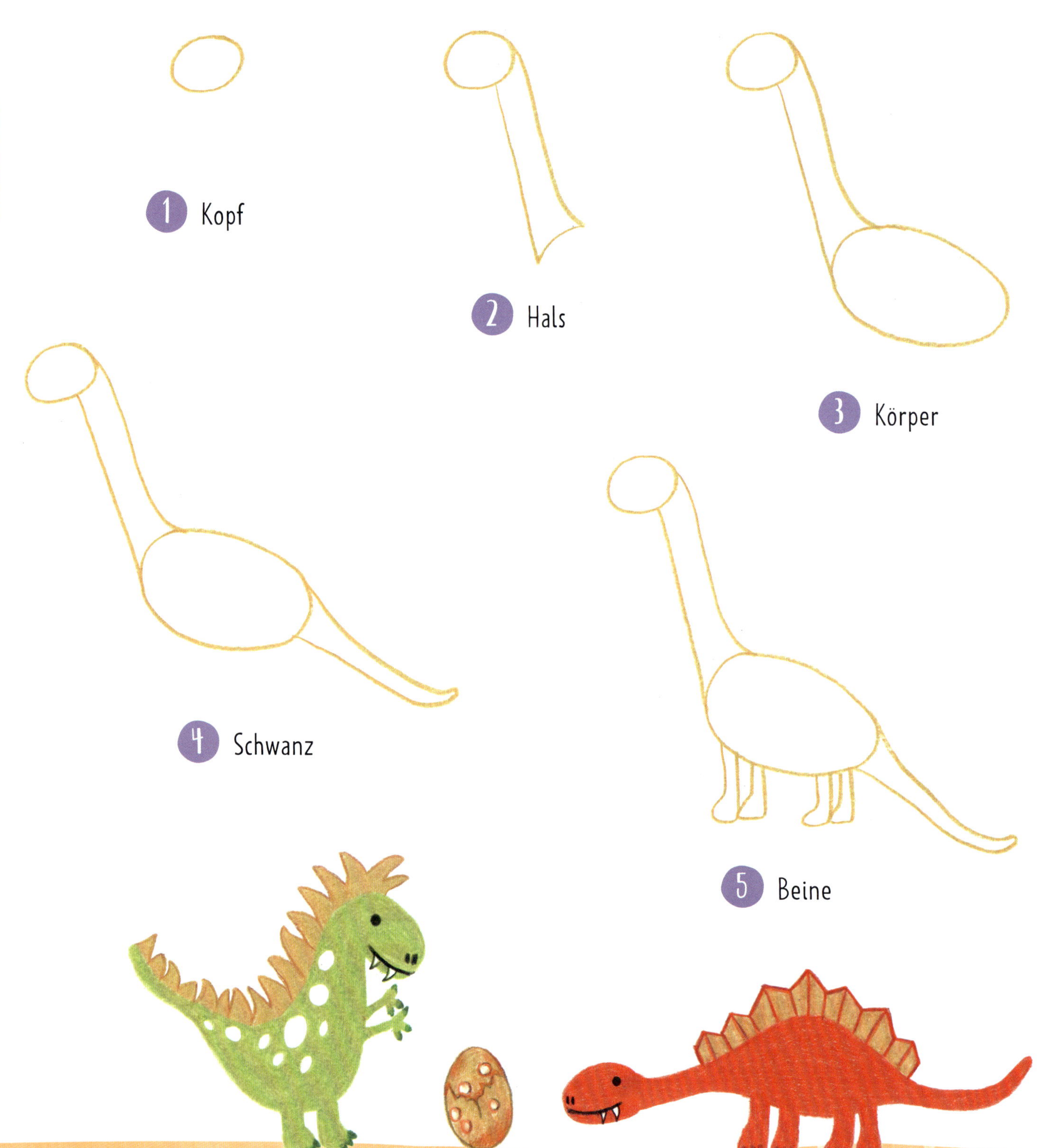

6 ausmalen
7 Zacken
Wir haben vor vielen Millionen Jahren gelebt!
8 Zacken ausmalen und Gesicht

Räuber

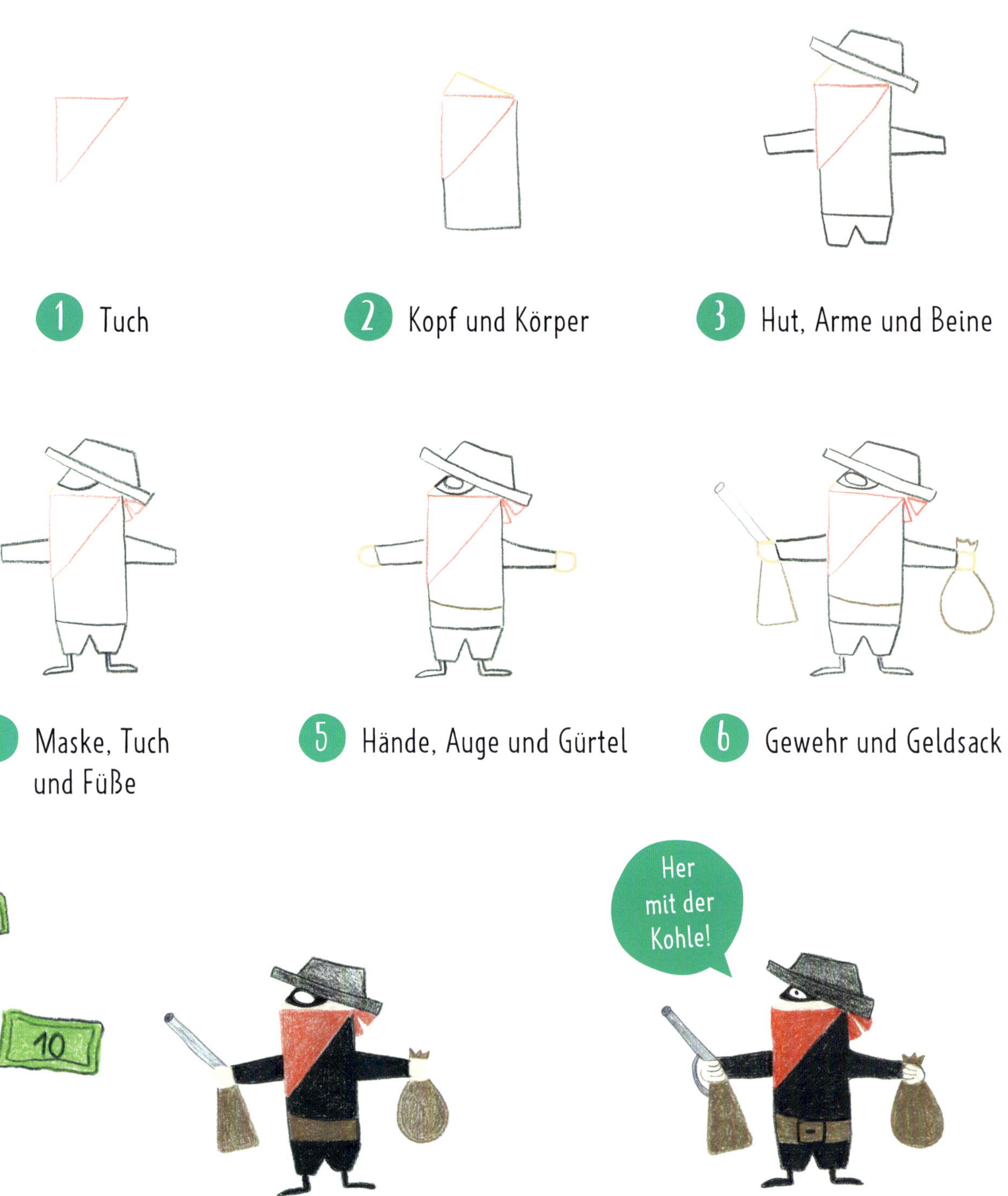

1 Tuch

2 Kopf und Körper

3 Hut, Arme und Beine

4 Maske, Tuch und Füße

5 Hände, Auge und Gürtel

6 Gewehr und Geldsack

7 ausmalen

8 Pupille, Finger, Gürtelschnalle und Gewehrabzug

Piraten-Papagei

Flaschengeist

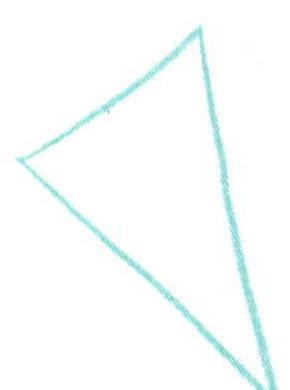

1 Körper

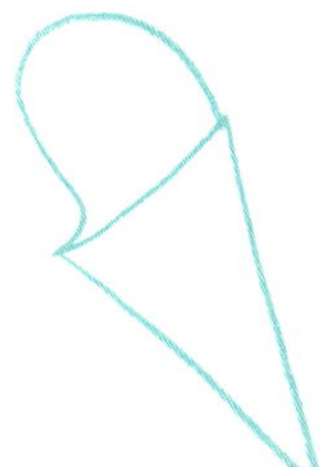

2 Kopf

3 Arme

4 Wellen und Augen

5 Schweif

6 ausmalen

7 Gesicht

Ich wohne in der Flasche!

Fantastische Fledermaus

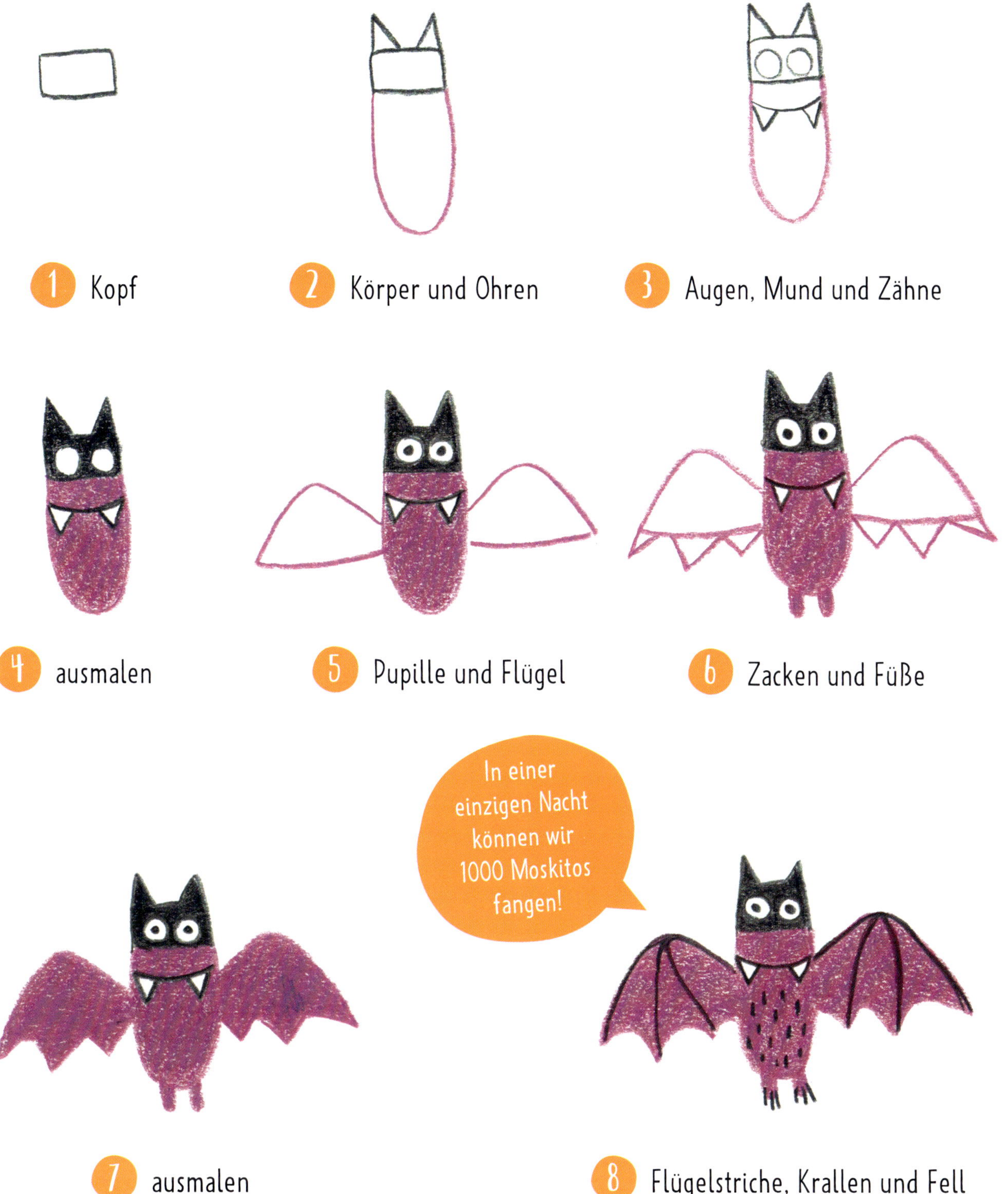

Werwolf

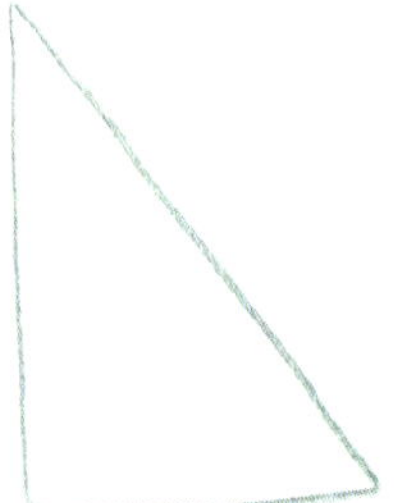

1 Körper

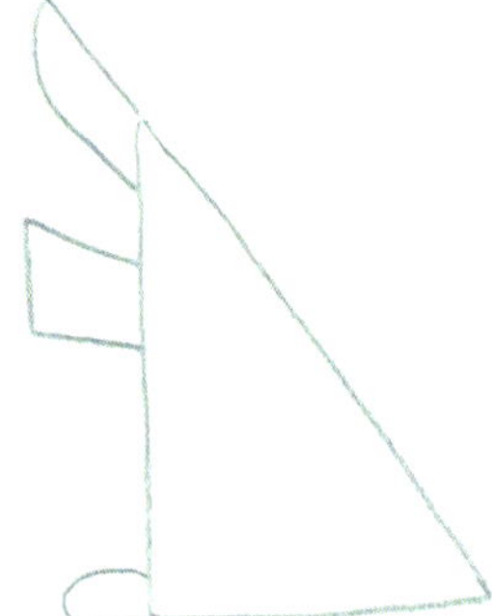

2 Kopf und Vorderpfote

3 Ohren und Schwanz

4 Auge und Zacken für das Fell

5 ausmalen

6 Nase, Pupille, Zähne und Hinterpfote

7 Krallen und Fell

Ich liebe Spaziergänge bei Vollmond!

Zauberpilz

1 Stiel

2 Hut

3 Punkte

4 ausmalen

5 Unterseite

6 ausmalen

7 Streifen

Zauberpilze gibt es in allen Formen und Farben!

Superkrokodil

1 Kopf

2 Maul

3 Körper

4 Arme, Beine und Schwanz

5 ausmalen

6 Zähne und Zacken

7 Augen, Nüstern und Umhang

Wir sind die fantastischen Supertiere!

8 ausmalen, Pupillen und Nasenlöcher

Alien

1 Kopf
2 Ohren und Hals
3 Augen und Körper
4 Arme und Beine
5 ausmalen
6 Augen und Innenohren
7 Mund
Ich komme von einem anderen Planeten!

Ufo

1 Glas

2 Ring

3 Beine und Lichter

4 ausmalen

5 Lichter ausmalen

6 Füße

Ufo ist die Abkürzung für unbekanntes Flugobjekt!

Roboter

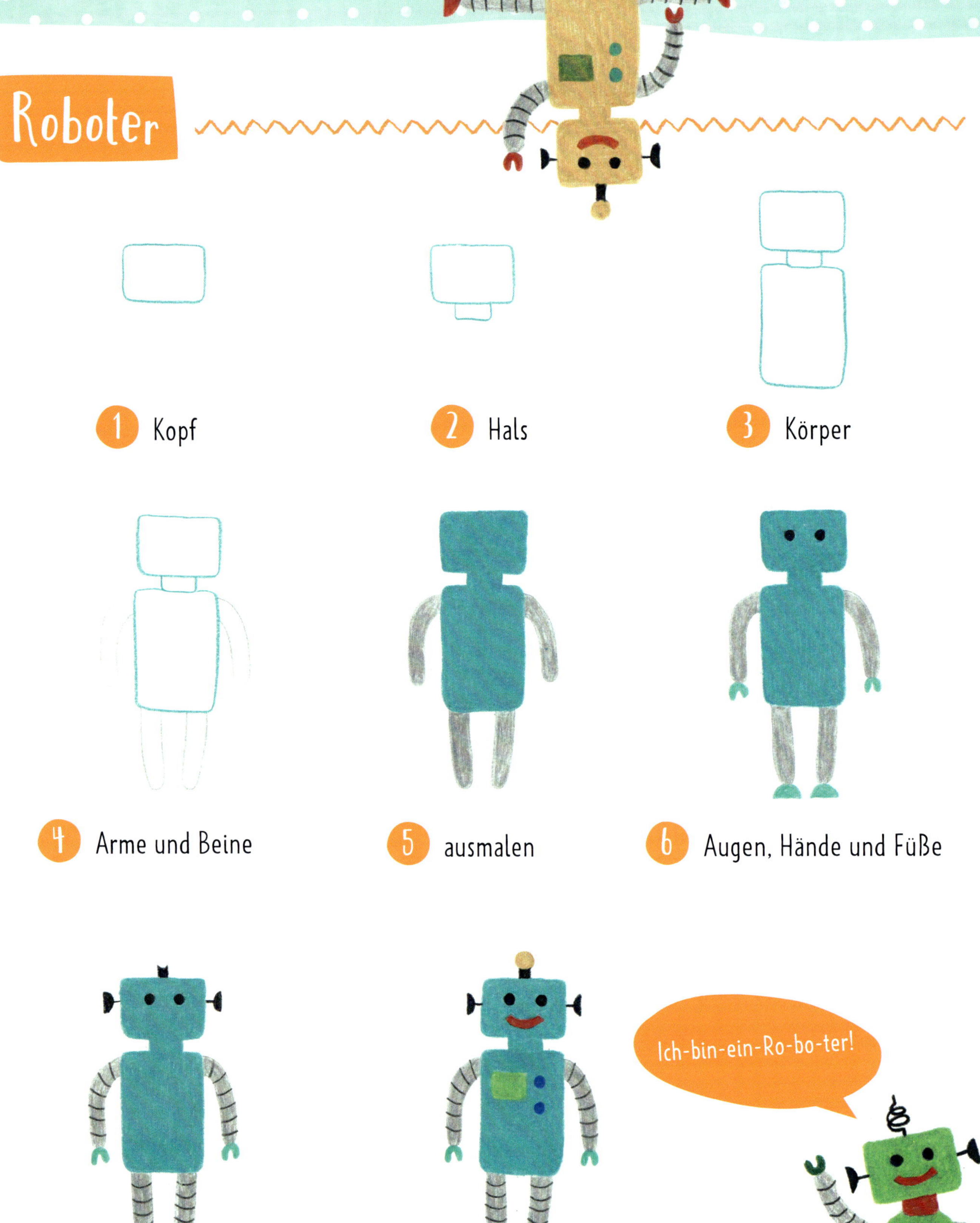

1 Kopf
2 Hals
3 Körper
4 Arme und Beine
5 ausmalen
6 Augen, Hände und Füße
7 Antennen und Gelenke
8 Mund und Leuchten
Ich-bin-ein-Ro-bo-ter!

Farbenmonster

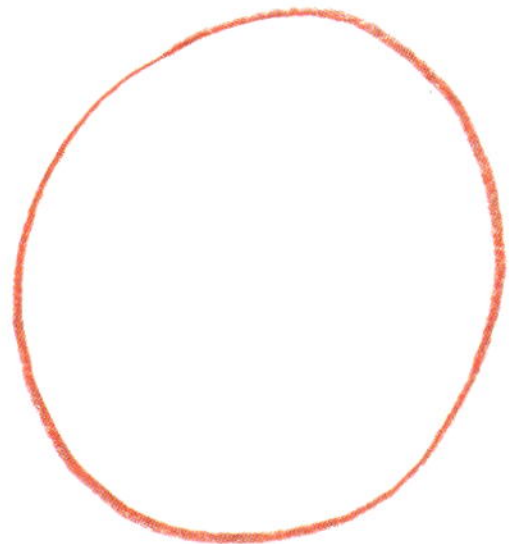

1 Körper

2 Mund, Arme und Beine

3 Ohren und Zähne

4 ausmalen

5 Rachen

6 Gesicht

Wir fressen gerne Farben!

Zombie

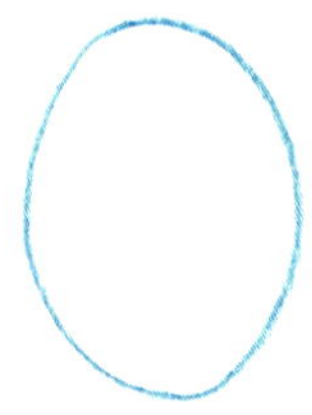

1 Oval

2 Augen und Mund

3 Pupillen und Zähne

4 ausmalen

5 Arme und Beine

6 Hände und Füße

7 ausmalen

8 Krallen und Narbe

Wir sind lustig bunte Zombies!

Wenn du weiße Motive malen möchtest, dann benutze doch einfach mal buntes Papier oder Packpapier! Zum Zeichnen brauchst du natürlich einen weißen Buntstift.

Denk dran:
Bunte Papiere +
weißer Stift, denn
Weiß auf Weiß – das
sieht man nicht!

Einhorn

1 Kopf und Körper
2 Hals und Vorderbeine
3 Ohren und Hinterbeine
4 ausmalen

5 Gesicht, Hufe und Horn
6 Schweif und Mähne
Ich kann rosa Zuckerwatte-Wolken pupsen!

Vampir

1 Kopf
2 Ohren und Körper
3 Haare, Arme und Beine
4 Zacken, Hände und Füße
5 ausmalen

6 Umhang
7 Kragen und Zacken
Wir trinken gerne Blut-orangensaft!
8 ausmalen
9 Gesicht und Linien

Gespenst

1 Kopf
2 Körper und Zipfel
3 Augen und Wellen
4 Arme
5 ausmalen
6 Gesicht
Ich spuke im Gruselschloss!

Gruselschloss

Pegasus

1 Kopf
2 Hals und Ohren
3 Körper
4 vorderer Flügel und Beine
5 Schweif, Mähne und hinterer Flügel

6 Federn
7 ausmalen
8 Gesicht und Hufe
Ich bin ein fliegendes Pferd!

Yeti

1 Kopf
2 Mund und Augen
3 Ohren und Zähne
4 Körper
5 Arme und Beine
6 Fell
7 ausmalen
8 Bauchnabel, Krallen und Gesicht
Ich lebe im Schnee!

Seifenblasen

Die Autorinnen

Silke Janas und Anna Wagner leben und arbeiten als freischaffende Künstlerinnen und Kunstpädagoginnen in Gießen. 2017 gründeten sie das Papeterielabel „Schnipselkunst“. Deutschlandweit bieten sie seitdem Workshops für Kindergruppen an. Auch in ihrer eigenen Malschule „KreativRAUM“ zeichnet Silke viel mit ihren Schülerinnen und Schülern. Von der jahrelangen Erfahrung in der Arbeit mit Kindern profitieren die praxisnahen Anleitungen des Buches. 2019 gewannen Silke und Anna mit ihrem Werk „Mein erster Zeichenkurs – Lieblingstiere“ den Jugendsachbuchpreis. Mehr von Silke und Anna erfahrt ihr unter www.schnipsel-kunst.de und www.malschule-giessen.de

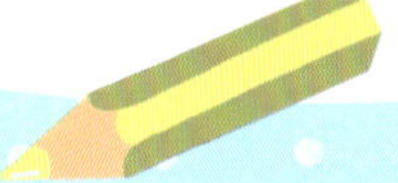

Noch mehr schöne Bücher!

Mein erster Zeichenkurs – Lieblingstiere
Supereinfach zeichnen nach Bildern – Mit Schritt-für-Schritt-Anleitungen

ISBN 978-3-7459-0124-5

Das Schnipsel-Buch
Kreativer Zeichenspaß mit Schnipseln aus Papier

ISBN 978-3-86355-705-8

Papierfalten im Quadrat: Flamingo, Panda, Einhorn und Co.
Bastelblock mit über 35 Papieren zum Sofort-Loslegen

ISBN 978-3-96093-597-1

Helden der Kindheit – Das Bastelbuch
Die beliebtesten Trickfiguren und Superhelden zum Basteln und Spielen

ISBN 978-3-7459-0066-8

Impressum

Bibliografische Information der Deutschen Bibliothek.

Die Deutsche Bibliothek verzeichnet diese Publikation in der Deutschen Nationalbibliografie. Detaillierte bibliografische Daten sind im Internet über http://www.dnb.de/ abrufbar.

EIN BUCH DER EDITION MICHAEL FISCHER

1. Auflage 2020

Layout: Verena Raith
Covergestaltung und Satz: Pia von Miller
Produktmanagement und Lektorat: Ina Luers

ISBN 978-3-96093-886-6

Gedruckt bei Polygraf Print, Čapajevova 44, 08001 Prešov, Slowakei

www.emf-verlag.de